Impressum
Verlag: BABADADA GmbH, Nedderfeld 112 , 22529 Hamburg
Geschäftsführer / Verlagsleitung: Harald Hof
Druck: Books on Demand GmbH, In de Tarpen 42, 22848 Norderstedt

Imprint
Publisher: BABADADA GmbH, Nedderfeld 112 , 22529 Hamburg, Germany
Managing Director / Publishing direction: Harald Hof
Print: Books on Demand GmbH, In de Tarpen 42, 22848 Norderstedt, Germany

kool

ليكول

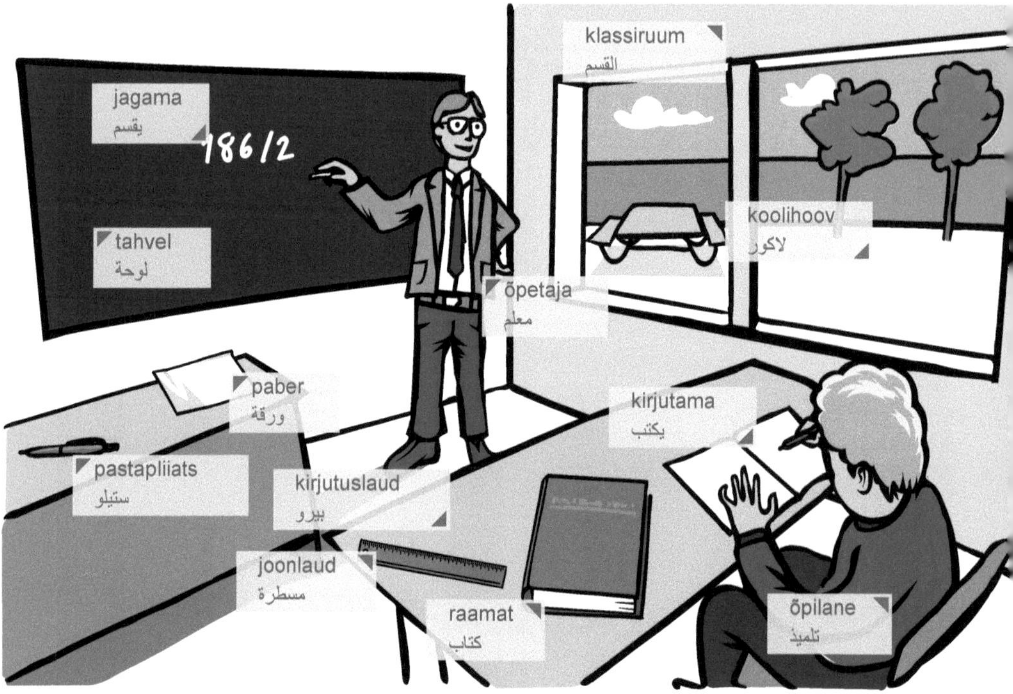
klassiruum
القسم
jagama
يقسم
186/2
tahvel
لوحة
koolihoov
لاكور
õpetaja
معلم
paber
ورقة
kirjutama
يكتب
pastapliiats
ستيلو
kirjutuslaud
بيرو
joonlaud
مسطرة
raamat
كتاب
õpilane
تلميذ

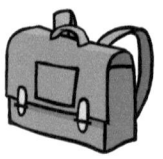

koolikott

كرطاب

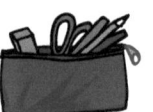

pinal

المقلمة

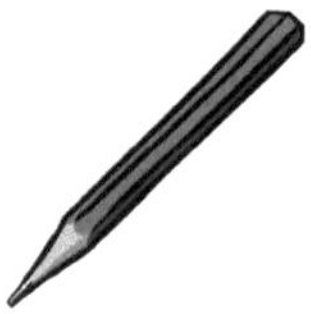

harilik pliiats

قلم الرصاص

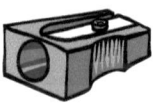

pliiatsiteritaja

منجارة

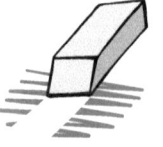

kustukumm

ممحا

joonistusplokk

الكايي تاع الرسم

joonistus

الرسم

pintsel

البانسو

värvikarp

باتير

käärid

مقص

liim

كولا

töövihik

كايي تاع التمارين

kodutöö

الواجبات

number

النيميرو

liitma

يجمع

lahutama

يطرح

korrutama

يضرب

arvutama

يحسب

täht

الحرف

tähestik

الحروف

sõna

كلمة

tekst

النص

lugema

يقرا

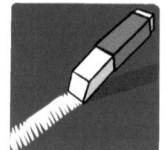

kriit

طباشير

koolitund

الدرس

klassipäevik

دفتر المدرسي

eksam

اماز يقلي

tunnistus

اكيفترس

koolivorm

لباس خاص لليكول

haridus

التعليم

entsüklopeedia

ليكسيك

ülikool

الجامعة

mikroskoop

المجهر

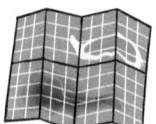

kaart

الخريطة

paberikorv

بوبال

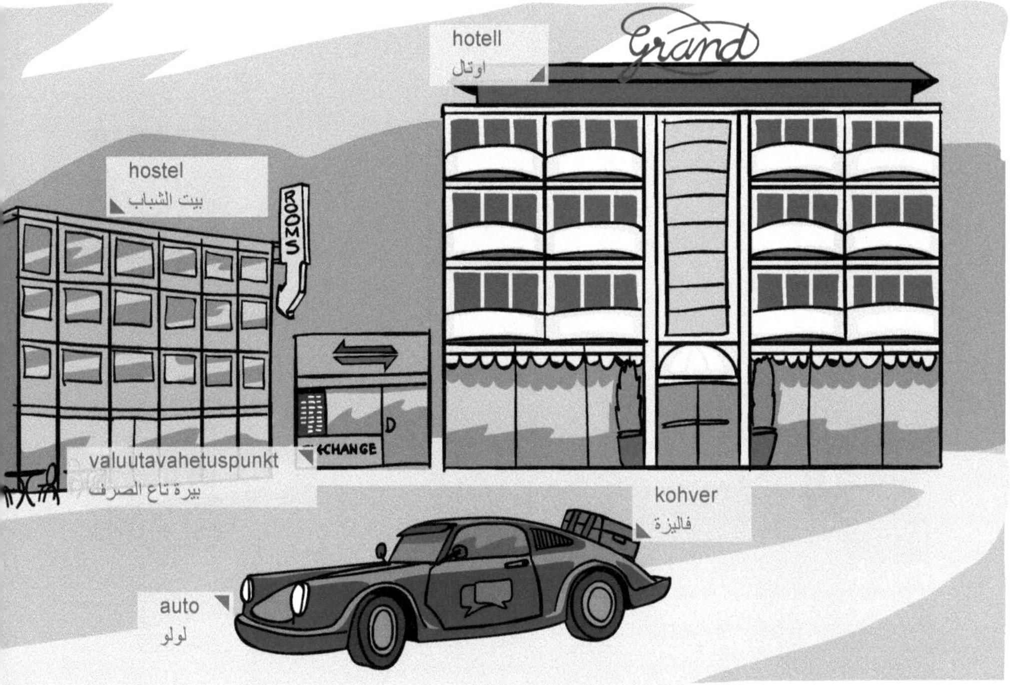

hotell
اوتال
Grand
hostel
بيت الشباب
ROOMS
EXCHANGE
valuutavahetuspunkt
بيرة تاع الصرف
kohver
فاليزة
auto
لولو

keel
....
اللغة ليقصدها

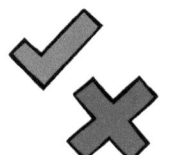

jah / ei
....
واه / لا

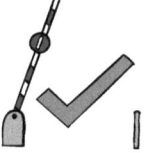

okei
....
صحا

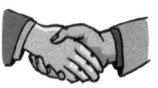

Tere!
....
مرحبا

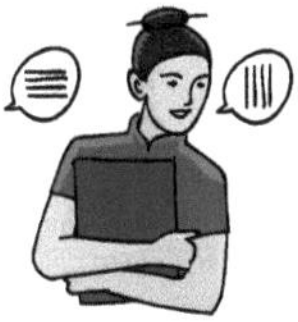

tõlk
....
طرجمان

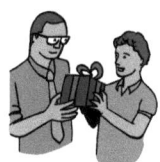

Aitäh!
....
صحيت

Kui palju maksab ...?

شعال السومة؟

Ma ei saa aru

مفهمتش

probleem

مشكلة

Tere õhtust!

مسلخير

Tere hommikust!

صباح لخير

Head ööd!

تصبح بخير

Head aega!

بسلامة

suund

ديركسيو

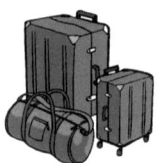

pagas

الباقاج

kott

ساك

seljakott

ساكادو

külaline

ضِيف

tuba

اﻟﺜﻤﺒﺮا

magamiskott

رقاد تاع ساك

telk

خيمة

turismiinfo

استعلامات سياحية

rand

بحر

krediitkaart

كارطة ناع الكريدي

hommikusöök

فطور الصباح

lõunasöök

القطور

õhtusöök

العشا

pilet

البيي

lift

اسونسير

postmark

تامبر

riigipiir

الحدود

toll

الديوانة

saatkond

سقارة

viisa

فيزا

pass

باسبور

transport

نقل

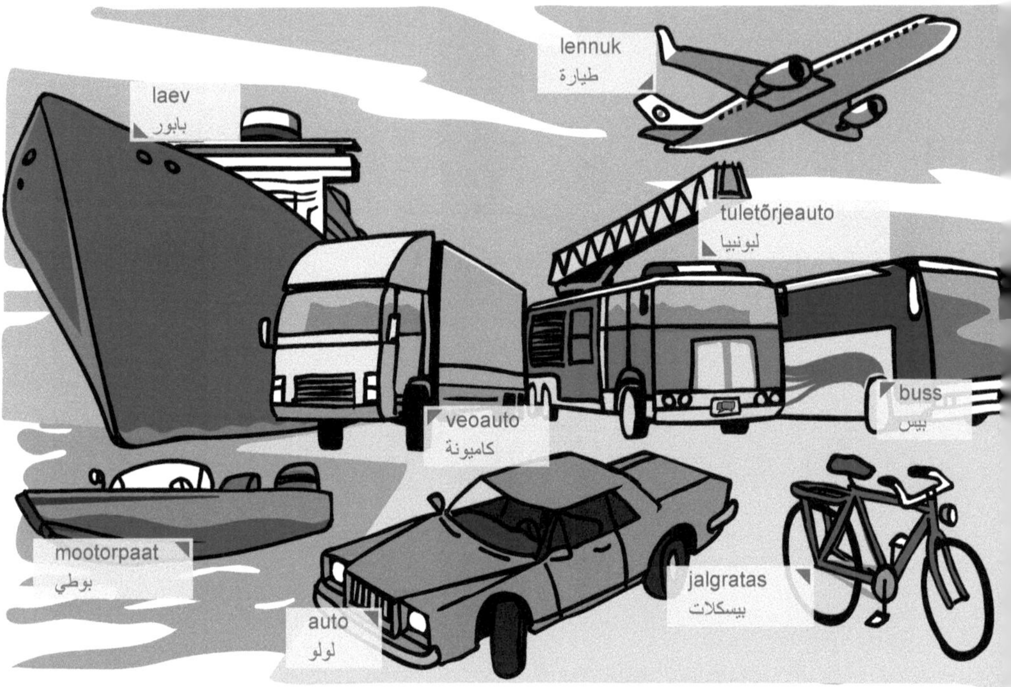
lennuk
طيارة
laev
بابور
tuletõrjeauto
لبونبيا
buss
بيس
veoauto
كاميونة
mootorpaat
بوطي
jalgratas
بيسكلات
auto
لولو

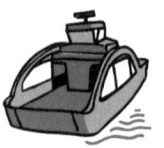

praam

بابو

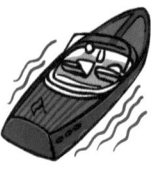

paat

بوطي

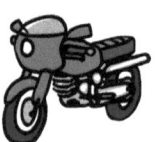

mootorratas

موطو

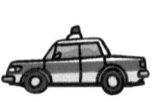

politseiauto

لوطو تاع لابوليس

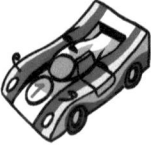

võidusõiduauto

لوطو تاع السيباق

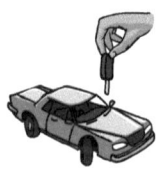

rendiauto

لوطو تاع كرية

ühisauto

لواطا تاع كرية

puksiirauto

رومورك

prügiauto

كاميو تاع الزبل

mootor

موتور

kütus

ليسونس

tankla

ستاسيون

liiklusmärk

بانو

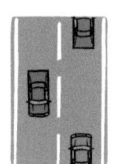

liiklus

ترافيك

liiklusummik

سركالة

parkla

باركينغ

raudteejaam

لاقار

rööpad

السبيكة

rong

قطار

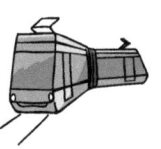

tramm

ترام

vagun

فاغون

helikopter

اليكبتار

lennujaam

مطار

torn

تور

reisija

مسافر

konteiner

كونتنار

pappkast

كرطونة

käru

شاريو

korv

سلة

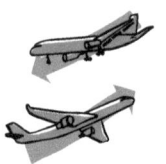

õhku tõusma / maanduma

يقلع / يهود

linn

مان

küla

قرية

kesklinn

البلاد

maja

دار

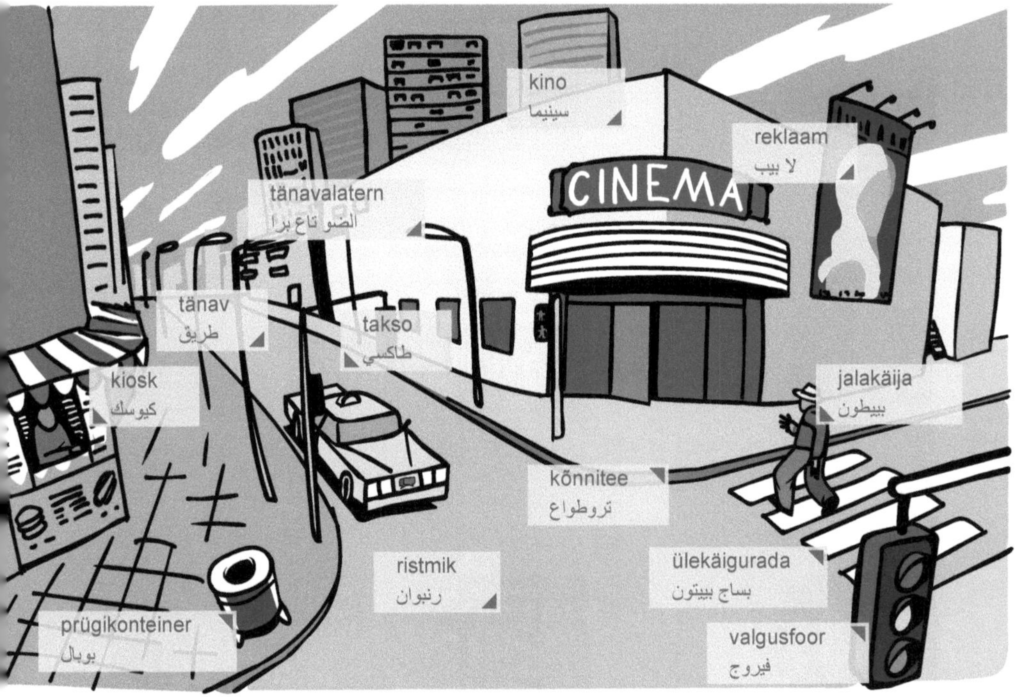

Scene labels:

kino — سينما
reklaam — لا يب
tänavalatern — إبرا عات الضوء
tänav — طريق
takso — طاكسي
kiosk — كيوسك
jalakäija — بييطون
kõnnitee — عاوطرت
ristmik — نوانبر
ülekäigurada — بساج بييتون
prügikonteiner — بويال
valgusfoor — فيروج

osmik
كوخ

kortermaja
برطمان

raudteejaam
لاقار

raekoda
لاميري

muuseum
متحف

kool
ليكول

ülikool

الجامعة

pank

بانكة

haigla

سبيطار

hotell

اوتال

apteek

فارماسي

kontor

بيرو

raamatupood

مكتبة

kauplus

حانوت

lillepood

فلوريست

supermarket

سوبرات

turg

مرشي

kaubamaja

حانوت كبير

kalapood

مسمكة

kaubanduskeskus

سونتر كومرسيال

sadam

المينا

park

بارك

pink

بنك

sild

جسر

trepp

درج

metroo

ميترو

tunnel

تونل

bussipeatus

لاري تاع البيس

baar

بار

restoran

مطعم

postkast

صندوق البريد

tänavasilt

البانوات

parkimisautomaat

مقياس زمن الوقوف

loomaaed

حديقة حيوانات

ujula

بيسين

mošee

جامع

talu

فيرما

reostus

التلوث

surnuaed

مقبرة

kirik

قليزية

mänguväljak

بارك

tempel

معبد

maastik

الريف

leht
ورقة

teeviit
بانو

tee
طريق

aas
مرج

kivi
حجرة

puu
شجرة

matkaja
رحالة

jõgi
نهر

rohi
حشيش

lill
زهرة

org

واد

mägi

جبل

järv

بحيرة

mets

غابة

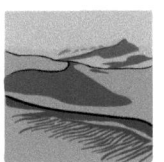

kõrb

صحراء

vulkaan

بركان

linnus

شاطور

vikerkaar

قوس قزح

seen

فِطر

palm

نخلة

sääsk

ناموسة

kärbes

ذبانة

sipelgas

نملة

mesilane

نحلة

ämblik

رتيلة

mardikas

خنفوس

konn

جرانة

orav

سنجاب

siil

قنفود

jänes

قنينة

öökull

بومة

lind

زاوش

luik

بجعة

metssiga

حلوف

hirv

عزالة

põder

إلكة

pais

سد

tuuleturbiin

الطاحونة

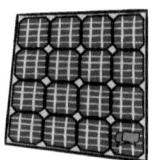

päikesepaneel

خلية شمسية

kliima

كليما

restoran
مطعم

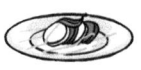

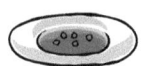

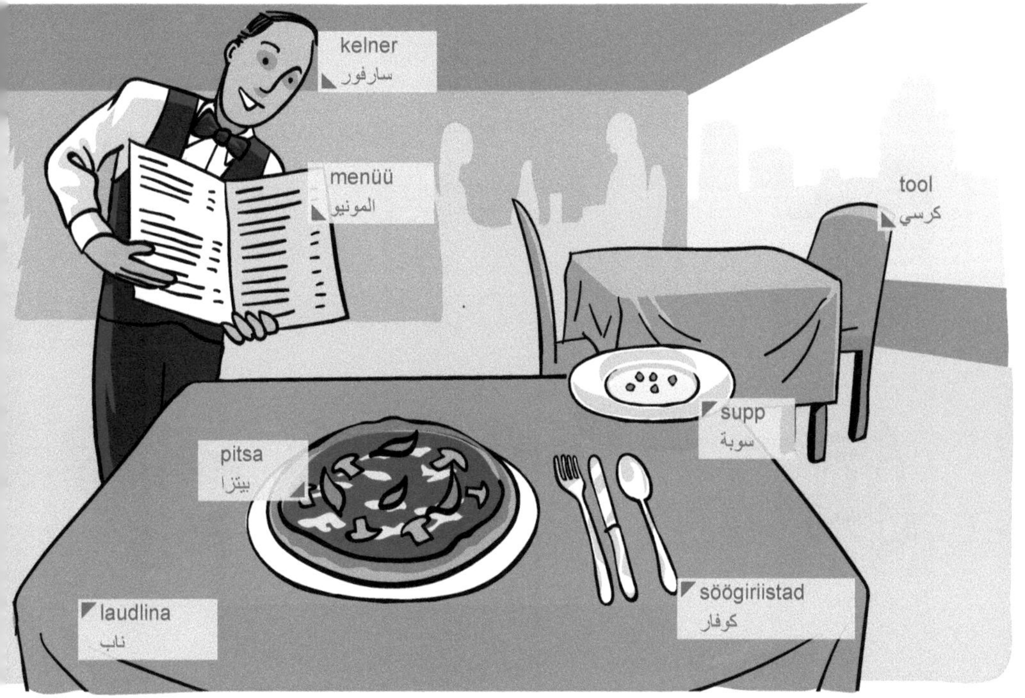

kelner
سارفور
menüü
المونيو
tool
كرسي
supp
سوبة
pitsa
بيتزا
söögiriistad
كوفار
laudlina
ناب

eelroog

اوردوفر

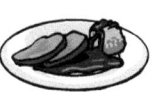

pearoog

الطبق الرئيسي

magustoit

ديسار

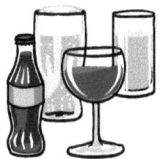

joogid

مشروبات

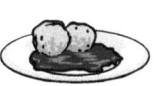

toit

ماكلة

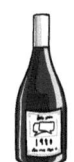

pudel

القرعة

kiirtoit

فاست فود

tänavatoit

ماكلة نديه معايا

teekann

براد اتاي

suhkrutoos

سكرية

portsjon

طرف

espressomasin

ماشينة تاع اكسبريسو

lastetool

كرسي عالي

arve

فاتورة

kandik

سني

nuga

خدمي

kahvel

فرشيطة

lusikas

مغيرفة

teelusikas

مغيرفة تاع لاتاي

salvrätik

سربيتة تاع الطابلة

klaas

كاس

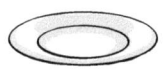

taldrik

طبسي

supitaldrik

بول

alustass

طبسي تاع الفنجال

kaste

لاصوص

soolatoos

القوطي تاع الملح

pipraveski

طحان تاع الحرور

äädikas

خل

õli

زيت

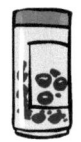

vürtsid

ليزبيس

ketšup

كتشوب

sinep

موطارد

majonees

مايونيز

supermarket

سوبرات

eripakkumine
بروموسيو
FOR
klient
كلويون
piimatooted
مشتقات الحليب
puuviljad
فاكية
ostukäru
شاريو

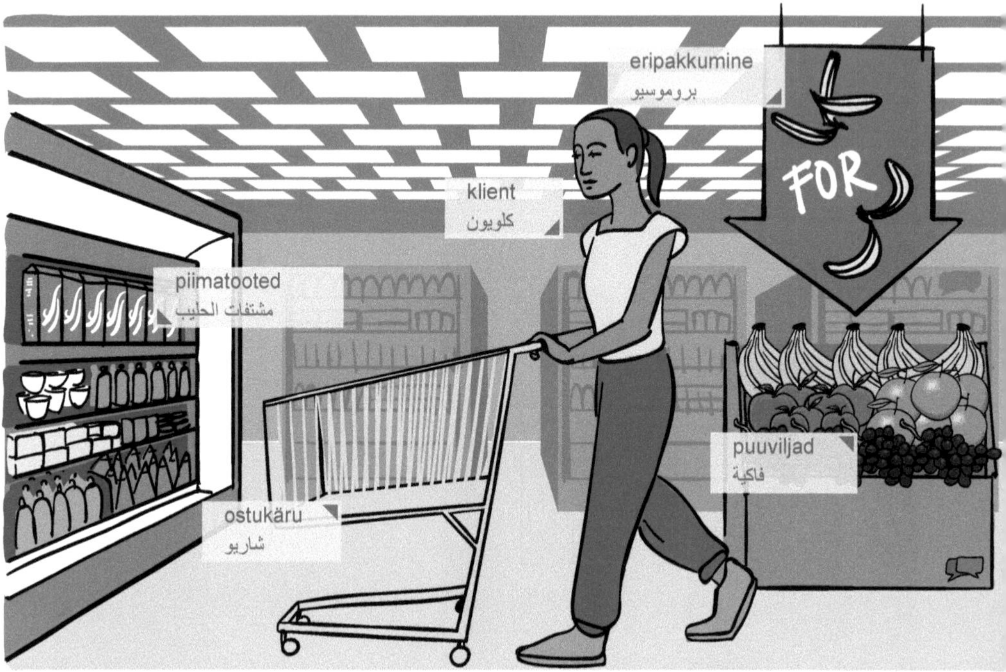

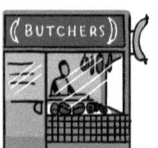

BUTCHERS

lihapood

بوشي

BAKERY

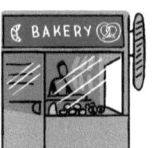

pagariäri

بولونجي

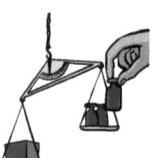

kaaluma

يوزن

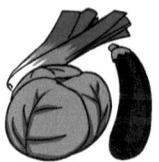

köögiviljad

خضار

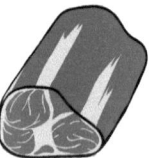

liha

لحم

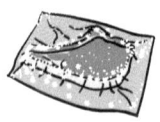

külmutatud toit

سيرجولي

lihalõigud

كاشير

konservid

كونسارف

pesupulber

لغسيل تاع الاومو

maiustused

الحلويات

majatarbed

صوالح الدار

puhastustooted

ديتارجو

müüja

فوندوز / خدامة فالحانوت

kassaaparaat

لاكاس

kassapidaja

كاسسي

ostunimekiri

ليستا تاع الشري

lahtiolekuajad

سوايع الخدمة

rahakott

تزداتم

krediitkaart

كارطة ناع الكريدي

kott

ساك

kilekott

بورسة

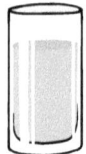

vesi

الماء

mahl

جو

piim

حليب

koola

كوكا

vein

الشراب

õlu

البيرة

alkohol

شراب

kakao

كاكاو

tee

لاتاي

kohv

قهوة

espresso

اكسبريسو

cappuccino

كابوتشينو

banaan

بانانة

õun

تفاح

apelsin

تشينا

arbuus

بطيخ

sidrun

ليم

porgand

كروطة / زرودية

küüslauk

ثوم

bambus

بانبو

sibul

بصل

seen

شانبينيو

pähklid

بندق

nuudlid

ليبات

spagetid

سباقيتي

riis

روز

salat

سلاطة

friikartulid

ليفريت

praekartulid

ليفريت

pitsa

بيتزا

hamburger

هانبورقر

võileib

سندويش

šnitsel

اسكالوب

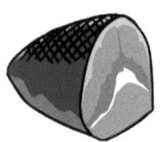

sink

لحم الحلوف

salaami

سامي

vorst

مرقاز

kana

جاجة

praeliha

لحم مشوي

kala

حوت

kaerahelbed

شوفان

müsli

موسلي

maisihelbed

كورن فلكس

jahu

فرينة

sarvesai

كرواسون

kukkel

خبيزة

leib

الخبز / كسرة

röstsai

خبز محمر

küpsised

بيسكوي

või

زبدة

kohupiim

لبن

kook

قاطو

muna

بيض

praemuna

بيض مقلي

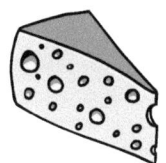

juust

فرماج

jäätis	suhkur	mesi
لاكرام	سكر	عسل

moos	pähklivõie	karri
كونفتير	نوقا	الكاري

talu

فيرما

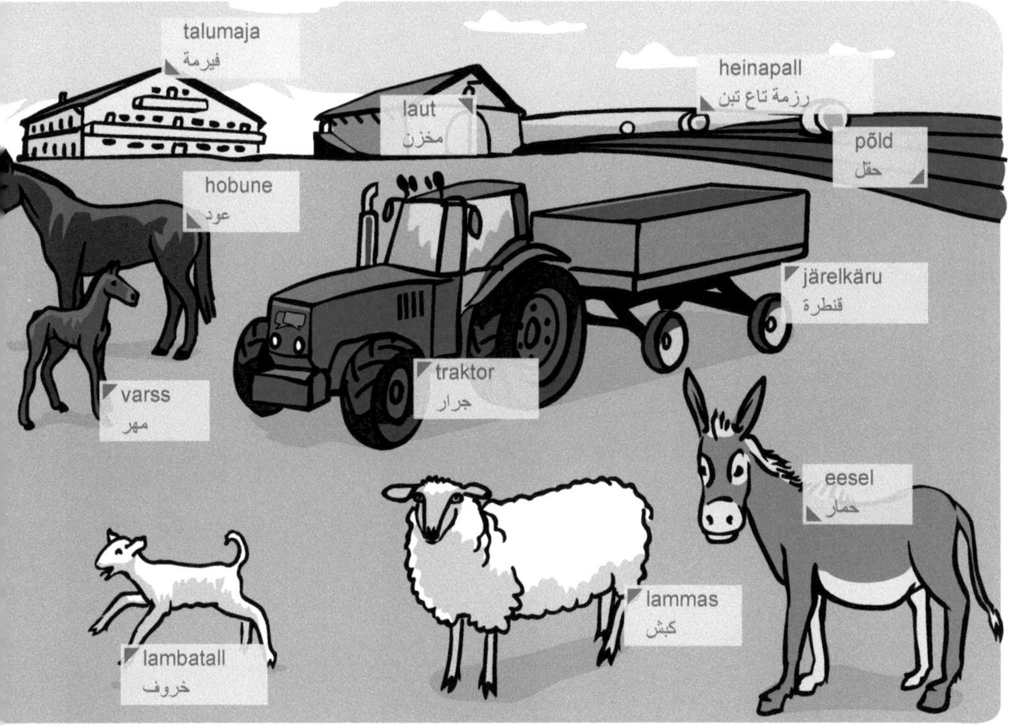
talumaja
فيرمة
laut
مخزن
heinapall
رزمة تاع تبن
põld
حقل
hobune
عود
järelkäru
قنطرة
traktor
جرار
varss
مهر
eesel
حمار
lammas
كبش
lambatall
خروف

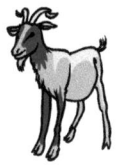

kits

معزة

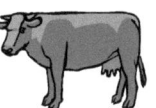

lehm

بقرة

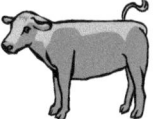

vasikas

عجل

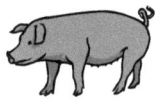

siga

حلوف

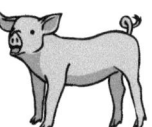

põrsas

حلوف صغير

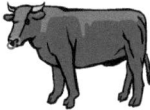

pull

طورو

hani

وزة

part

بطة

tibu

فلوس

kana

جاجة

kukk

كودرس

rott

باطو

kass

قطة

hiir

فأر

härg

ثور

koer

كلب

koerakuut

دار الكلب

aiavoolik

تبيبو

kastekann

إبريق

vikat

منجل

ader

محراث

sirp

منجل

kõblas

الفأس

hang

مذراة الزبل

kirves

شاقور

käru

برويطة

küna

معلف

piimanõu

قابة تاع حليب

kott

ساشيا

tara

سياج

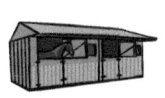

tall

صطبل

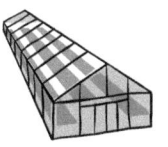

kasvuhoone

بوطاجي

muld

تراب

seeme

بذور

väetis

سماد

kombain

حصادة

saaki koristama

يحصد

saagikoristus

الغلة

jamss

بطاط

nisu

قمح

soja

صويا

kartul

بطاطا

mais

مابيس

raps

سلجم

viljapuu

شجرة تاع فاكية

maniokk

منيهوت

teravili

الخبوب

maja

دار

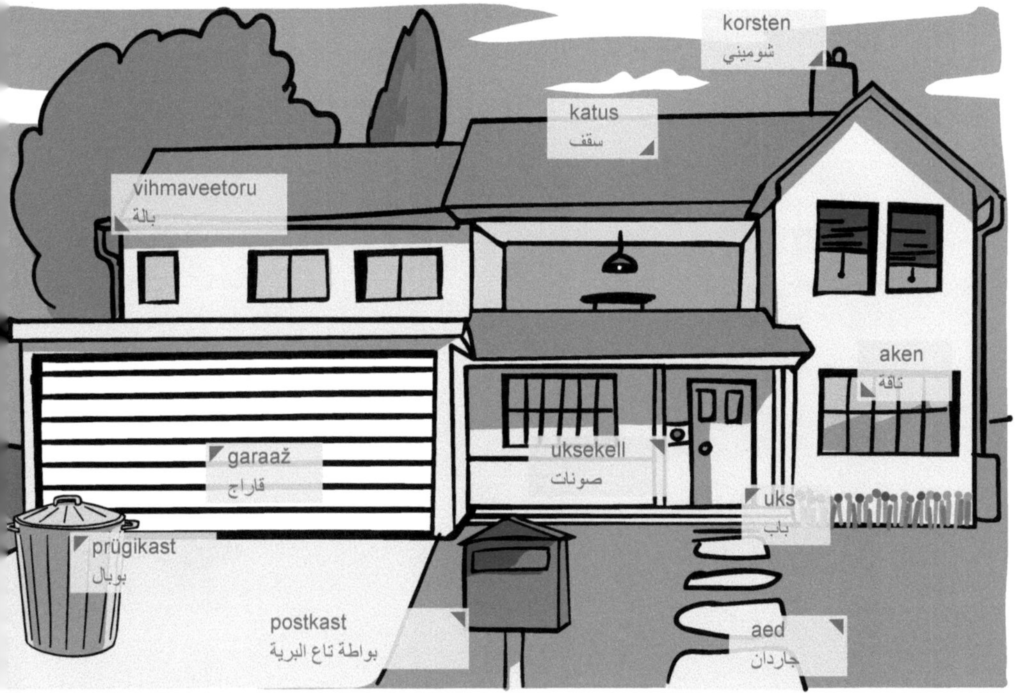
korsten
شوميني
katus
سقف
vihmaveetoru
بالة
aken
تاقة
garaaž
قاراج
uksekell
صونات
uks
باب
prügikast
بوبال
postkast
بواطة تاع البرية
aed
جاردان

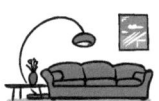

elutuba

صالون

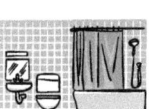

vannituba

الحمام

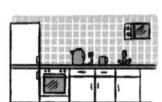

köök

كوزينا

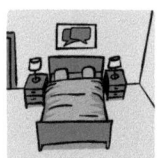

magamistuba

شامبرا تاع رقاد

lastetuba

شمبرا تاع ذراري

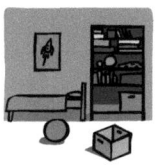

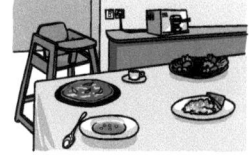

söögituba

صالة مونجي

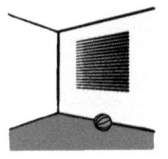

põrand

لرض

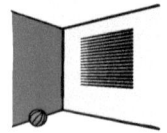

sein

حيط

lagi

فولاب

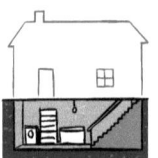

kelder

افاك

saun

انوس

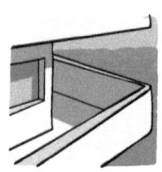

rõdu

شيكلاب

terrass

ةسارتي

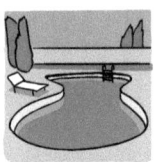

bassein

نيسيب

muruniiduk

شيشح عات ةرازج

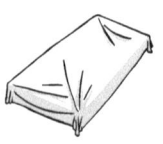

voodilina

اووسا

päevatekk

تاووك

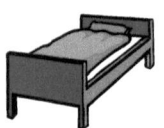

voodi

ةيسومان

luud

ةحلصم

ämber

حيلص عات ودبي

lüliti

روتبعتنا

maja - راد

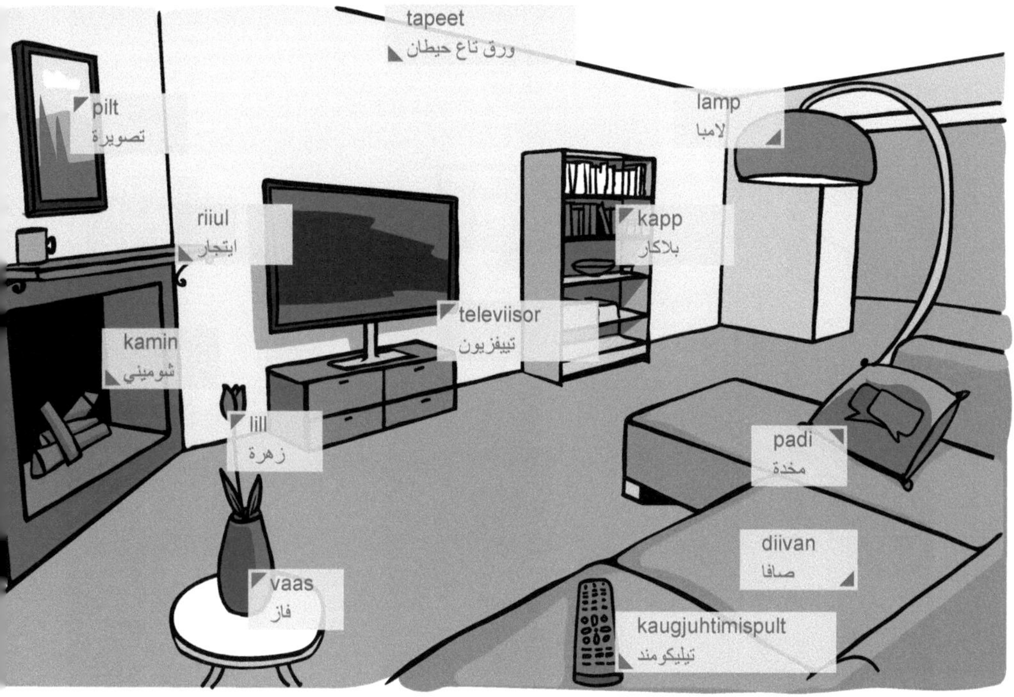

tapeet
ورق ناع حيطان

pilt
تصويرة

lamp
لامبا

riiul
ايتجار

kapp
بلاكار

kamin
شوميني

televiisor
تييفزيون

lill
زهرة

padi
مخدة

diivan
صافا

vaas
فاز

kaugjuhtimispult
تيليكومند

vaip
طابي

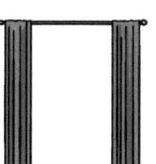

kardin
ريدو

laud
طابلة

tool
كرسي

kiiktool
كرسي يبوجي

tugitool
فوتاي

raamat

كتاب

tekk

طوفيرطة

kaunistus

زواق

küttepuud

الحطب

film

فيلم

helisüsteem

الستيريو

võti

مفتاح

ajaleht

جرنان

maal

كادر

plakat

بوستار

raadio

راديو

märkmik

كناش

tolmuimeja

اسبيراتور

kaktus

صبار

küünal

شمعة

köök
كوزينا

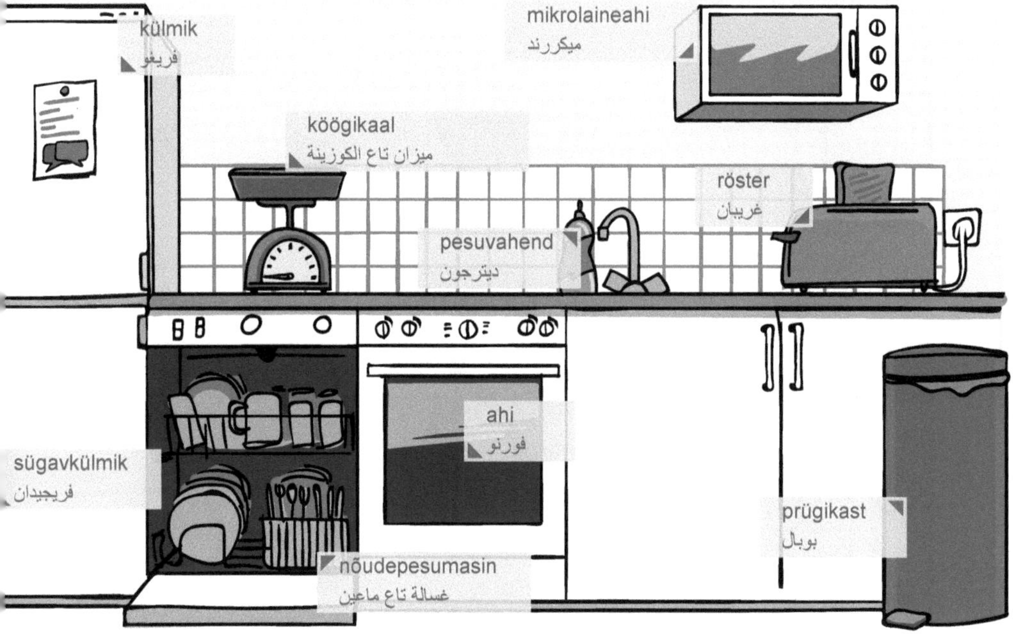
külmik
فريغو
mikrolaineahi
ميكررند
köögikaal
ميزان تاع الكوزينة
röster
غريبان
pesuvahend
ديترجون
ahi
فورنو
sügavkülmik
فريجيدان
prügikast
بوبال
nõudepesumasin
غسالة تاع ماعين

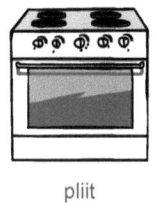

pliit
الفور

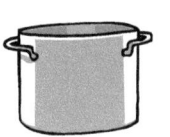

pott
قدرة

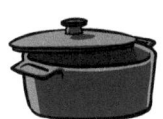

malmpott
مرميطا

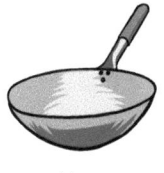

vokkpann
طاوة غامقة

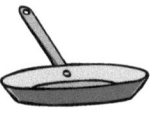

pann
مقلة

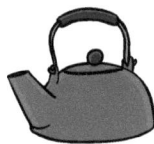

veekeetja
غلاية

aurutaja

قدرة

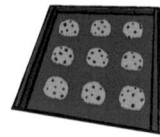

küpsetusplaat

سني

lauanõud

ماعين

kruus

قوبلي

kauss

طبسي

söögipulgad

مطارق تاع الماكلة

kulp

لوشة

pannilabidas

سباتولة

vispel

الضرابة

kurn

كسكاس

sõel

صفاية

riiv

راب

uhmer

مهراز

grill

شواية

lahtine tuli

موقد

lõikelaud

بلونشا

tainarull

رولو

korgitser

الحلال

konservipurk

قابسة

konserviavaja

الحلال

pajakinnas

كتان

kraanikauss

لافابو

hari

بروسة

pesukäsn

بونجة

kannmikser

الخلاط

sügavkülmuti

فريغو

lutipudel

بيبرونة

segisti

سبالة

vannituba

الحمام

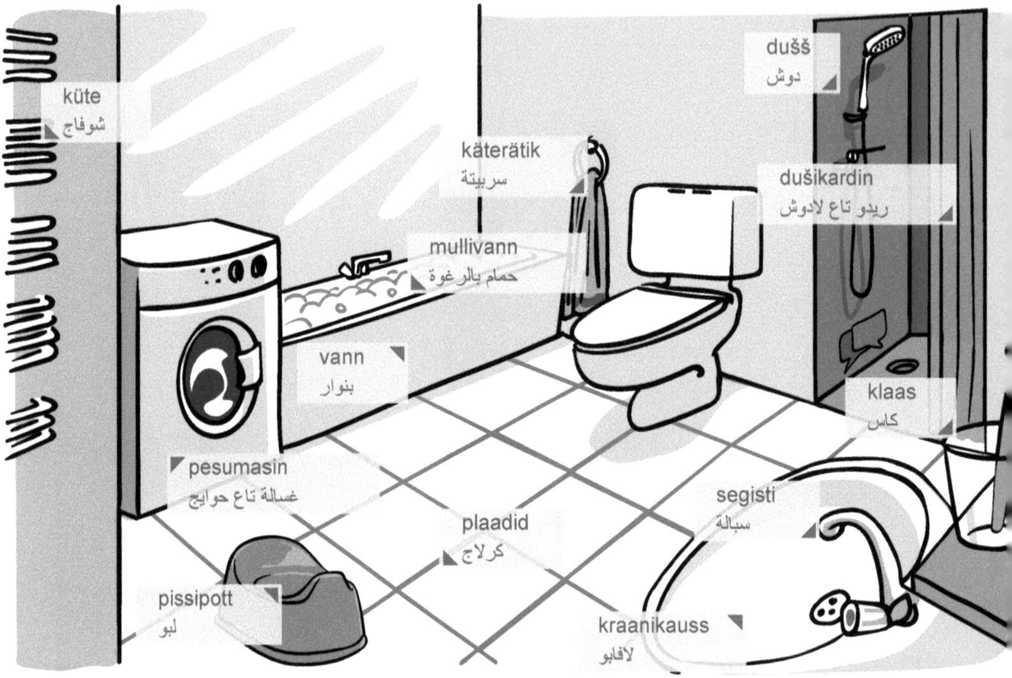

küte
شوفاج
käterätik
سربيتة
mullivann
حمام بالرغوة
vann
بنوار
pesumasin
غسالة تاع حوايج
pissipott
لبو
duš
دوش
dušikardin
ريدو تاع لادوش
klaas
كاس
segisti
سبالة
plaadid
كرلاج
kraanikauss
لافابو

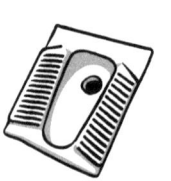

WC-pott

توالات

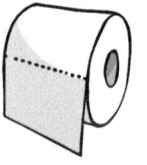

kükitamistualett

توالات تركي

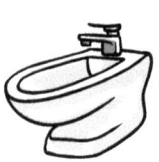

bidee

غسال الرجلين

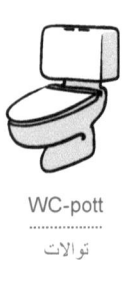

pissuaar

مبولة

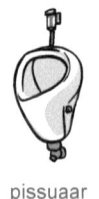

tualettpaber

ورق تاع توالات

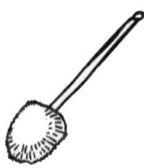

WC-hari

بروسة تاع توالات

hambahari

بروسدون

hambapasta

دونتفريس

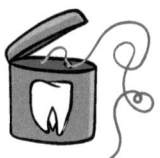

hambaniit

خيط السنان

pesema

يغسل

käsidušš

دوشات تاع دوش

intiimdušš

دوشات

pesukauss

لافابو

seljahari

بروسا تاع الظهر

seep

صابون

dušigeel

جال دوش

šampoon

شنبوان

vamm

الحبل

äravool

قادوس

kreem

بومادة

deodorant

ديودورون

peegel

مراية

käsipeegel

مراة صغيرة

habemenuga

رازوار

raseerimisvaht

لاموس

habemevesi

كولون

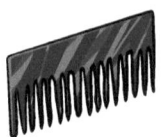

kamm

مشطة

hari

بروسة

föön

سشوار

juukselakk

مثبت الشعر

meigikomplekt

مكياج

huulepulk

روجالافر

küünelakk

فرني

vatt

قطن

küünekäärid

كوبنغل

parfüüm

ريحة

tualett-tarvete kott

تروسة تاع حمام

taburet

طابوري

kaal

ميزان

hommikumantel

بينوار

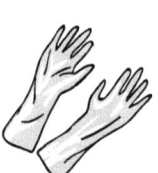

kummikindad

ليغونات تاع النيتوﺍياج

tampoon

تمبون

hügieeniside

ليبوند

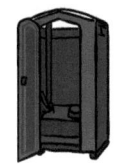

keemiline tualett

توالات

lastetuba

شمبرا تاع ذراري

äratuskell
ريفاي
pehme mänguasi
نونورس
mänguauto
لوطو جوي
kõristi
الخشخاش
nukumaja
دار تاع بوبيات
kingitus
كادو

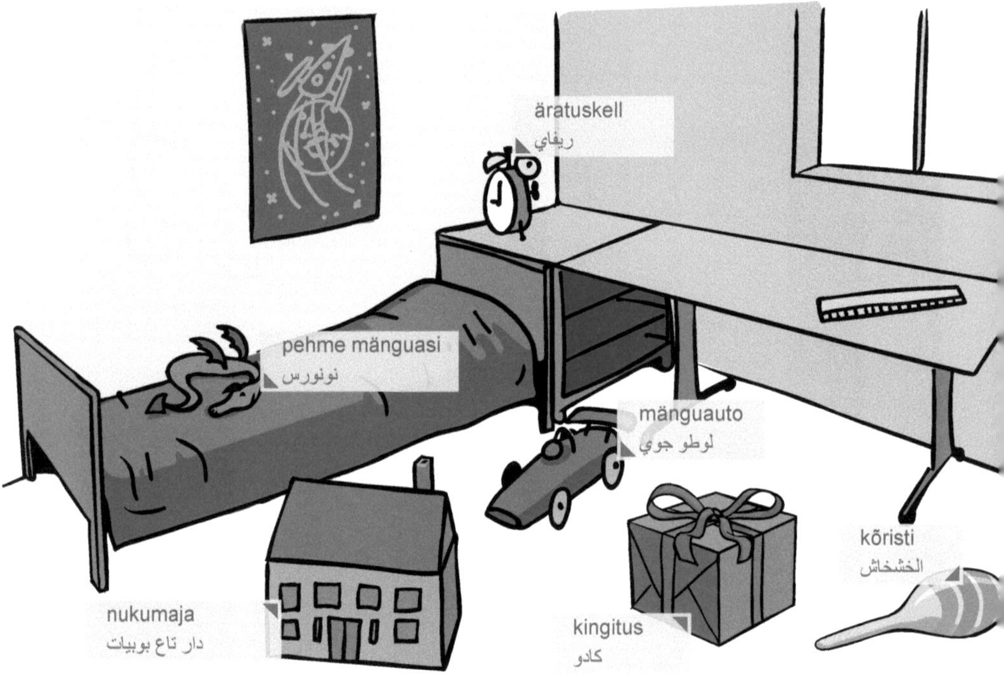

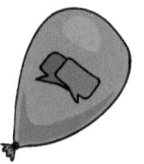

õhupall

بالونة / نسافة

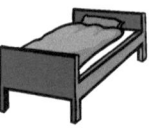

voodi

ناموسية

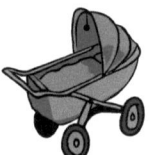

lapsevanker

بوسات

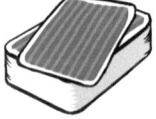

kaardipakk

الكارطة

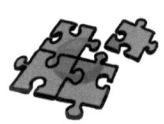

pusle

البوزيل

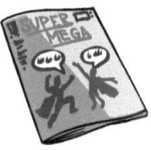

koomiks

بوند ديسيني

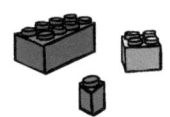

Lego klotsid

الليغو

klotsid

حجر يبنوه

kujuke

بوبية

siputuspüksid

لبسة تاع البيبي

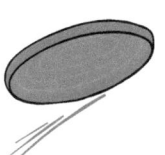

lendav taldrik

فريزي

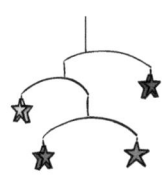

voodikarussell

اللهاية

lauamäng

لعبة الطاولة

täringud

الدي

mudelrong

التران

lutt

سوسات

pidu

حفلة / الفيشطة

pildiraamat

كتاب بتصاوير

pall

بالون

nukk

بوبية

mängima

يلعب

liivakast

بارك بالرملة

kiik

بنصوار

mänguasjad

جوي

mängukonsool

طينم

kolmerattaline jalgratas

بيسكلات

mängukaru

دبدوب

riidekapp

ماريو

riietus

حوايج

sokid

نقاشر

sukad

ليبا

sukkpüksid

كولو

sall
شال

vihmavari
بربلوي

vöö
حزام

T-särk
تريكو

saapad
بوط

sussid
بنتوفلا

tossud
تينيسا / سبردينا

sandaalid
....
صندالة

jalatsid
....
صباط

kummikud
....
بوط بلاستيك

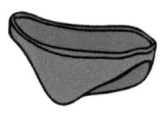

aluspüksid
....
كالسون

rinnahoidja
....
سوتيان

vest
....
داخل تاع جويح

bodi

لاصق على الجسم

püksid

سروال

teksapüksid

جين

seelik

جيبا

pluus

طابلية

särk

قمجة

sviiter

تريكو

dressipluus

قارديقون

bleiser

بلازار

jakk

فيستا

mantel

بالطو

vihmamantel

بالطو

kostüüm

كوستيم

kleit

روبا

pulmakleit

شنبل روب

ülikond

كوستيم

öösärk

شوميز دونوي

pidžaama

بيجاما

sari

ساري

pearätt

حجاب

turban

عمامة

burka

برقع

kaftan

قفطان

abayah

عباية

ujumistrikoo

مايو

ujumispüksid

موع تاع سروال

lühikesed püksid

شورت

dressid

لبسة تاع سبور

põll

طابلية

kindad

ليقونات

nööp

قفلة

prillid

نظارون

käevõru

يسلارب

kaelakee

سلسلة

sõrmus

خاتم

kõrvarõngas

شنقوم

nokamüts

بوني

riidepuu

سانتر

kaabu

شابو

lips

قرافاطة

tõmblukk

غيمة

kiiver

كاسك

traksid

بروتال

koolivorm

لوكيل عاش اللبة

vormirõivad

مروفينيل

pudipõll

رياقة

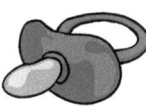

lutt

سوسات

mähe

ليكوش

kontor

server
سارفر

arhiivikapp
خزانة تاع الملفات

printer
اميريمانت

paber
ورقة

monitor
ليكرون

hiir
لاسوري

kirjutuslaud
بيرو

kaust
كلاسور

klaviatuur
كلافيي

paberikorv
بوبال

arvuti
اورديناتور

tool
كرسي

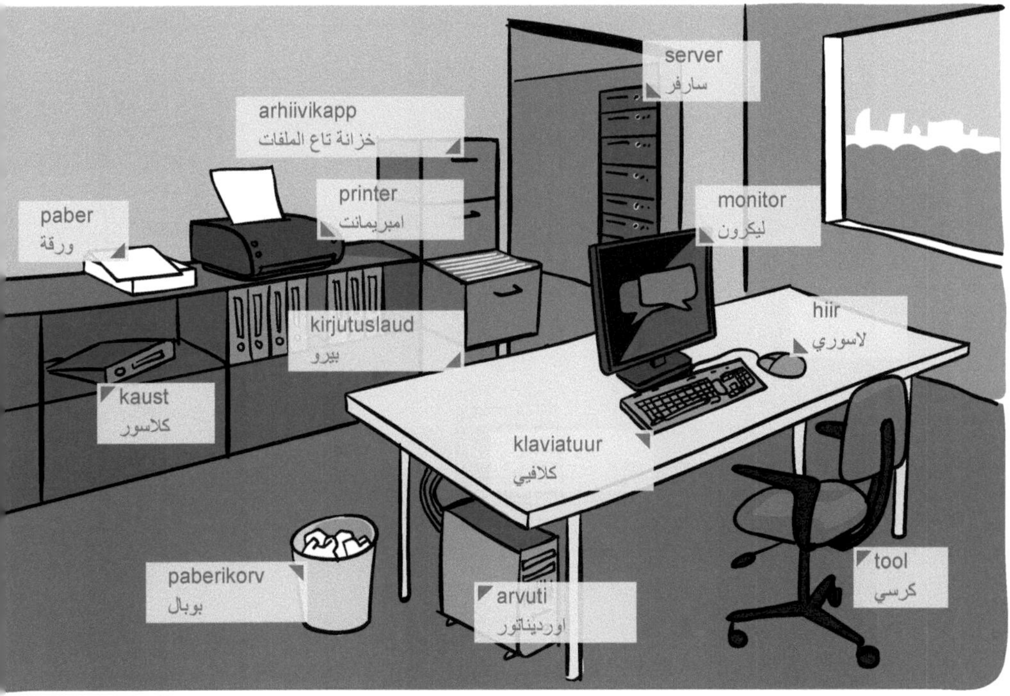

kohvikruus

كاس قهوة

kalkulaator

كاكولاتريس

internet

لانترنت

süleravuti

اوردیناتور

kiri

بریة

sõnum

میساج

mobiiltelefon

بورطابل

võrk

ریزو

koopiamasin

فوطوكوبي

tarkvara

لوجسيال

telefon

تیلفون

pistikupesa

بریزة

faksimasin

فاكس

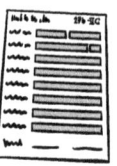

vorm

استمارة

dokument

وثيقة

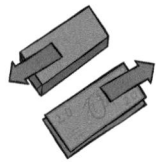

ostma

يشري

maksma

يخلص

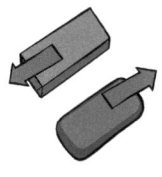

vahetama

يتاجر

raha

دراهم

dollar

دولار

euro

اورو

jeen

ين

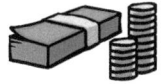

rubla

روبل

Šveitsi frank

فرنك سويسري

renminbi jüaan

يوان

ruupia

روبية

sularahaautomaat

ديستريبيتور

valuutavahetuspunkt

بيرة تاع الصرف

kuld

ذهب

hõbe

فضة

nafta

نفط

energia

طاقة

hind

السومة

leping

عقد

maks

طاكس

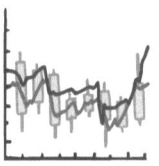

aktsia

سهم

töötama

يخدم

töötaja

خدام

tööandja

مول الشي

tehas

وزين

kauplus

حانوت

ametid
الخدمة

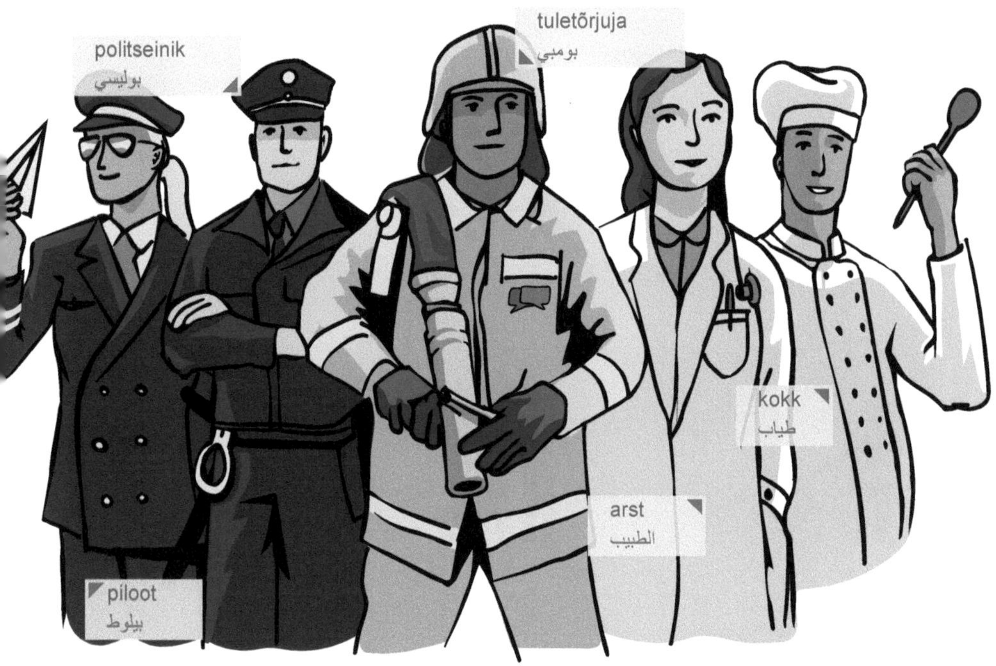

politseinik
بوليسي
tuletõrjuja
بومبي
kokk
طياب
arst
الطبيب
piloot
بيلوط

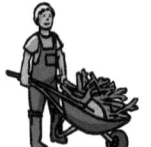

aednik
جرديني

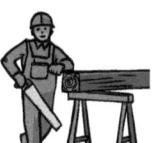

puusepp
نجار

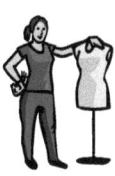

õmbleja
خياط

kohtunik
قاضي

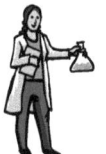

keemik
شيميك

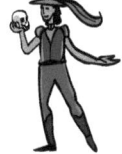

näitleja
ممثل

bussijuht

ﺷﻮﻓﻴﺮ

taksojuht

ﻃﺎﻛﺴﻴﻮﺭ

kalamees

ﺻﻴﺎﺩ

koristaja

ﺧﺪﺍﻣﺔ

katusepaigaldaja

ﻣﺎﺻﻮ ﺗﺎﻉ ﺍﻟﺼﻘﻒ

kelner

ﺳﺎﺭﻓﻮﺭ

jahimees

ﺻﻴﺎﺩ

maaler

ﺑﻨﺘﺎﺭ

pagar

ﺧﺒﺎﺯ

elektrik

ﺍﻟﻜﺘﺮﻳﺴﻴﺎﻥ

ehitaja

ﻣﺎﺻﻮﻥ

insener

ﻣﻬﻨﺪﺱ

lihunik

ﺑﻮﺷﻤﻲ

torumees

ﺑﻠﻮﻣﺒﻲ

postiljon

ﻓﺎﻛﺘﻮﺭ

sõdur

جندي

arhitekt

ارشيتكت

kassapidaja

كاسسي

lillemüüja

بياع اورد

juuksur

كوأفير

piletikontrolör

الكنترول

mehaanik

ميكانيسيان

kapten

كابيتان

hambaarst

طبيب سنان

teadlane

عالم

rabi

حاخام

imaam

امام

munk

موان

preester

موان

tööriistad

ليزوتي

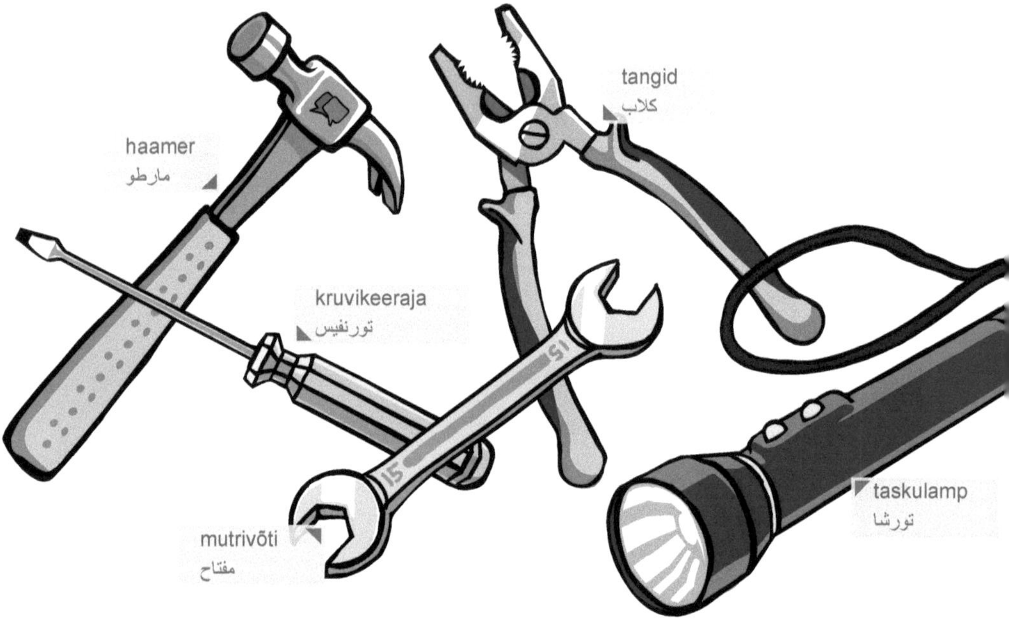

haamer
مارطو
tangid
كلاب
kruvikeeraja
تورنفيس
mutrivõti
مفتاح
taskulamp
تورشا

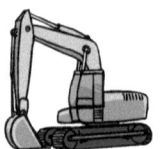

ekskavaator
جرافة

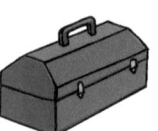

tööriistakast
قايصة نتاع ليزوتي

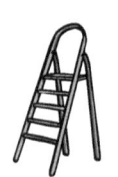

redel
سلوم

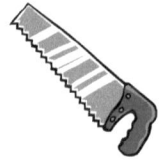

saag
منشار

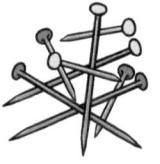

naelad
مسامير

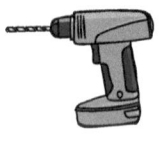

trell
برسوز

parandama

يصنع

labidas

البالة

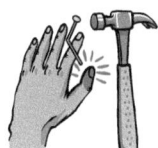

Põrgusse!

ياويلي

kühvel

بالا

värvipott

بو تاع بنتورة

kruvid

ليفيس

pillid

آلات موسيقية

kõlar
مكبر الصوت

trummikomplekt
آلات الإيقاع

kitarr
غيتارة

kontrabass
كمان أجهر

trompet
بوق

klaver

بيانو

viiul

كمنجة

bass

جيتار

timpan

طبل كبير

trummid

طبل

süntesaator

بيانو كهربائي

saksofon

ساكسوفون

flööt

ناي

mikrofon

ميكروفون

sissepääs
المدخلة

tiiger
نمر

puur
كاجا

sebra
حمار الوحش

loomasööt
علف للحيوانات

panda
باندا

loomad

حيوانات

elevant

فيل

känguru

كنغر

ninasarvik

وحيد القرن

gorilla

غوريلا

karu

دب

kaamel

جمل

jaanalind

نعامة

lõvi

سبع

ahv

تَشيطا

flamingo

فلامونغوز

papagoi

بيروكي

jääkaru

دب قطبي

pingviin

بطريق

hai

سمك القرش

paabulind

طاووس

madu

لفعة

krokodill

تمساح

loomaaiatalitaja

عساس في حديقة الحيوان

hüljes

عجل البحر

jaaguar

نمر أمريكي مرقط

poni

فرس قزم

leopard

نمر

jõehobu

فرس النهر

kaelkirjak

زرافة

kotkas

نسر

metssiga

حلوف

kala

حوت

kilpkonn

فكرون

morsk

حيوان فظ البحري

rebane

ثعلب

gasell

غزال

Ameerika jalgpall
بالون اميريكا

jalgrattasõit
الركبة تاع البيسكلت

tennis
تينيس

korvpall
باسكات

ujumine
العوم

poksimine
بوكس

jäähoki
هوكي

jalgpall
بالون

sulgpall
الريشة الطائرة

kergejõustik
اتلاتيزم

käsipall
الهوند

suusatamine
سكي

polo
بولو

tegevused
نشطات

naerma
يضحك
hüppama
يقفز
kallistama
يعنق
jalutama
يمشي
laulma
يغني
unistama
ينوم
palvetama
يصلي
suudlema
يبوس

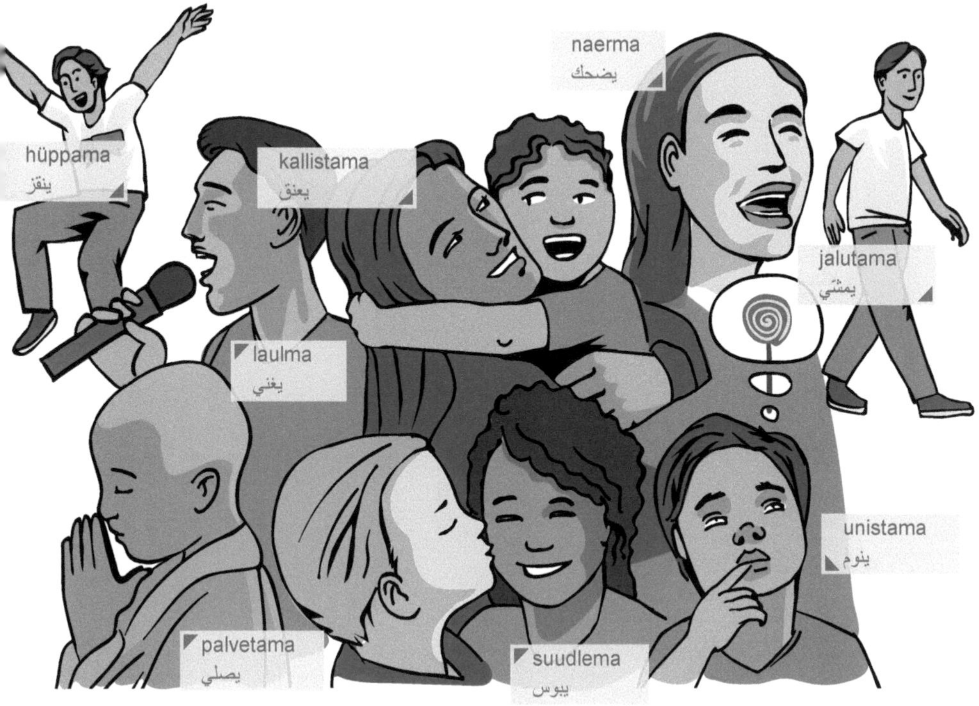

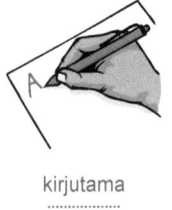

kirjutama
....
يكتب

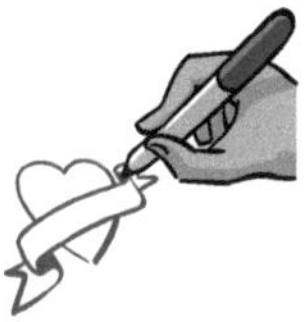

joonistama
....
يرسم

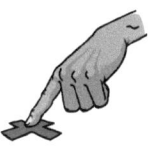

näitama
....
يوري

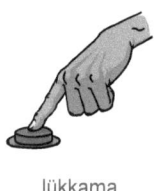

lükkama
....
يدمر

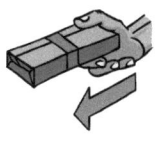

andma
....
يعطي

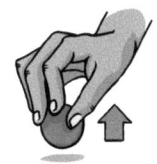

võtma
....
يدي

omama

يملك

tegema

يخدم

olema

كاين

seisma

يوقف

jooksma

يجري

tõmbama

يجبد

viskama

يقيس / يرمي

kukkuma

يطيح

lamama

يتكسل

ootama

يْشوف

kandma

يرفد

istuma

يقعد

riidesse panema

يلبس

magama

يرقد

ärkama

بينوظ

vaatama

يشوف في

nutma

يبكي

paitama

يحكك

kammima

يمشّط

rääkima

يهدر

aru saama

يفهم

küsima

يسقّسي

kuulama

يسمع

jooma

يشّرب

sööma

ياكل

korrastama

يخمل

armastama

يبغي

süüa tegema

يطيّب

sõitma

يصوق

lendama

يطير

purjetama

يبحر بالفلوكة

arvutama

يحسب

lugema

يقرا

õppima

يتعلم

töötama

يخدم

abielluma

يتزوج

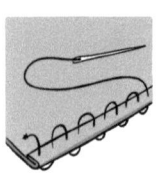

õmblema

يخيط

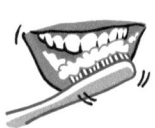

hambaid pesema

يغسل سنانو

tapma

يكتل

suitsetama

يكمي

saatma

يرسل

perekond
لعايلة

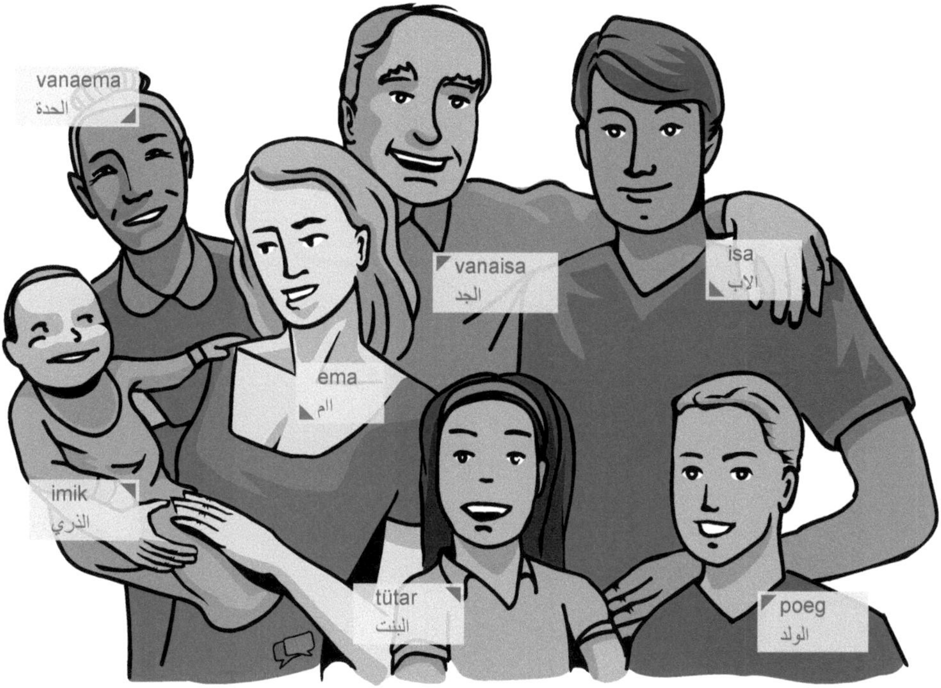

vanaema
الجدة
vanaisa
الجد
isa
الاب
ema
الام
imik
الذري
tütar
البنت
poeg
الولد

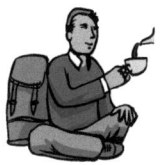

külaline

ضيف

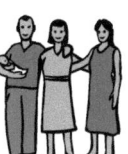

tädi

العمة / الخالة

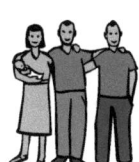

onu

العم / الخال

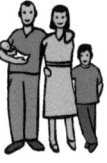

vend

الخو

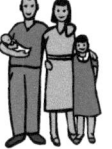

õde

الخت

keha

الجسم

otsmik
الجبهة
silm
العين
õlg
الكتف
sõrm
صبع
nägu
الوجه
lõug
اللحية
käsi
اليد
jalg
الساق
rind
الصدر
käsivars
الذراع

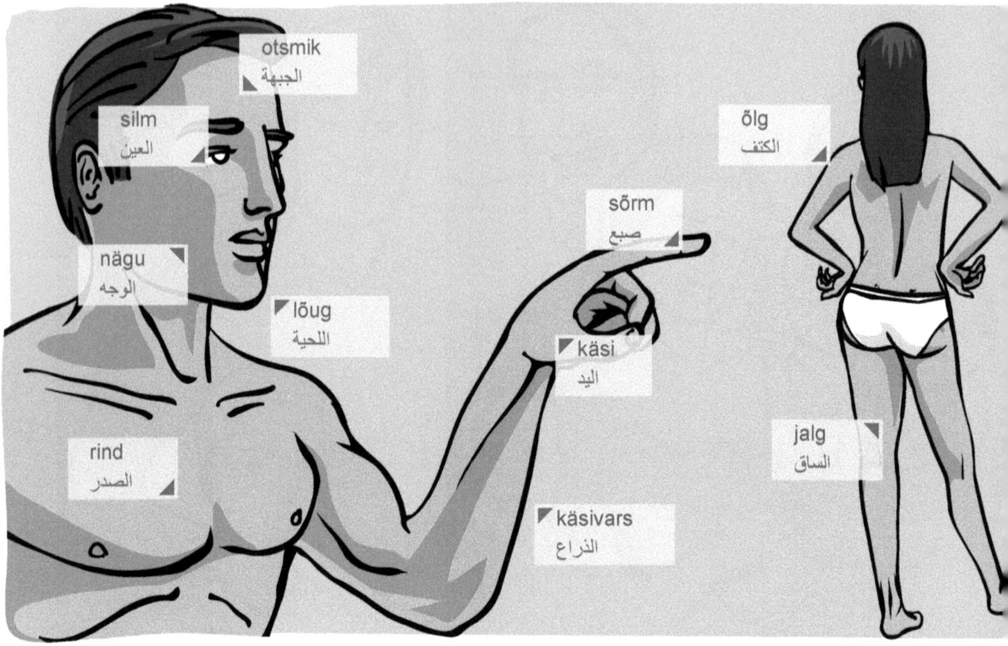

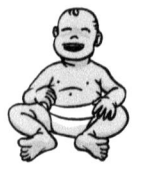

imik
الذري

mees
الراجل

naine
المرا

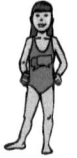

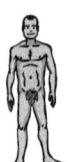

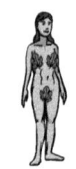

tüdruk
الشيرة، الطفلة

poiss
الشير

pea
الراس

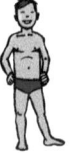

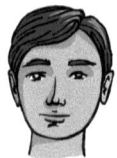

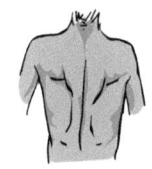

selg

ظهر

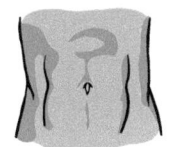

kõht

الكرش

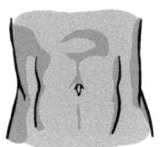

naba

السرة

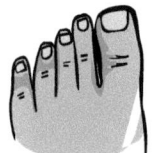

varvas

صبع

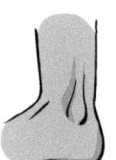

kand

طالون

luu

العظم

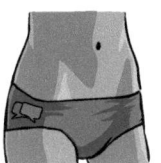

puus

المرادف

põlv

الركبة

küünarnukk

لمرفغ

nina

نيف

tagumik

مصاصيط

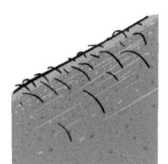

nahk

البشرة

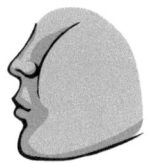

põsk

الحنوك

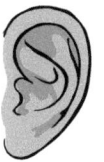

kõrv

لوذن

huuled

شوربب

suu

الفم

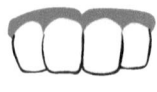

hammas

السنة

keel

اللسان

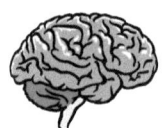

aju

الدماغ

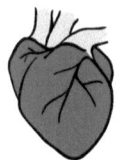

süda

القلب

lihas

العضلة

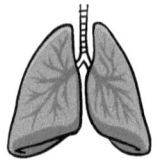

kops

الرية

maks

الكبدة

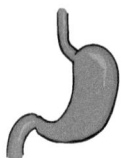

magu

لسطوما

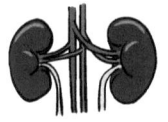

neerud

كلوى

seksuaalvahekord

رابور

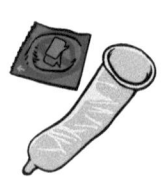

kondoom

فيتفرازيبر

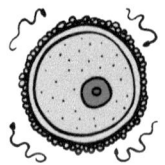

munarakk

البويضة

sperma

سبرم

rasedus

بلكرش

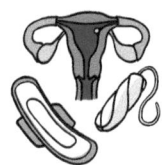

menstruatsioon

ليراغل

vagiina

المهبل

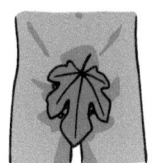

peenis

المذاكر

kulm

الحاجب

juuksed

الشعر

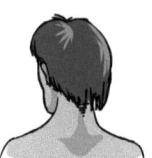

kael

رقبة

haigla

سبيطار

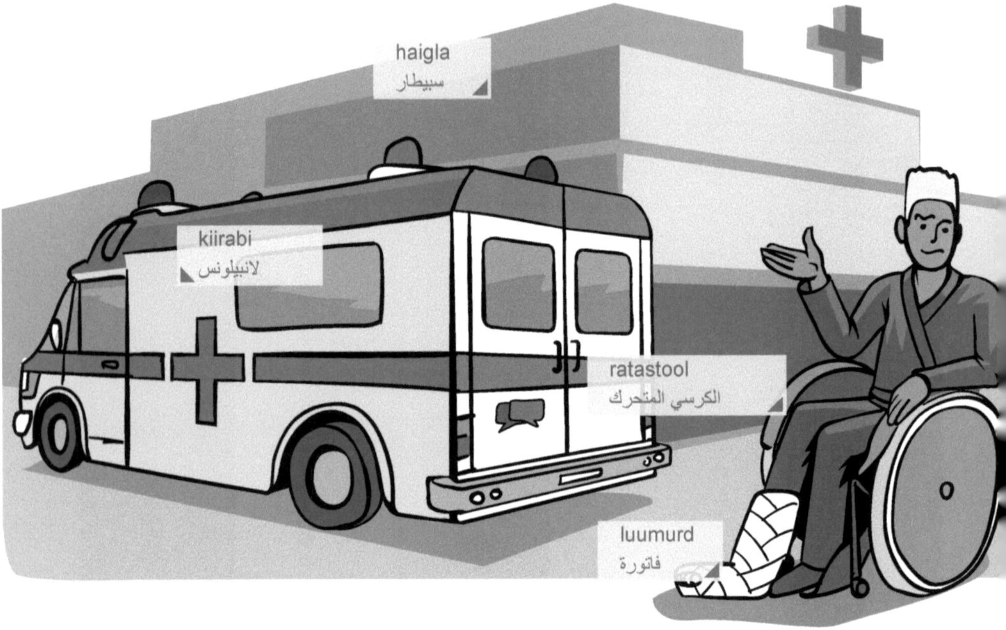

haigla
سبيطار
kiirabi
لانبيلونس
ratastool
الكرسي المتحرك
luumurd
فاتورة

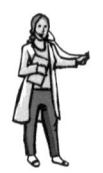

arst

الطبيب

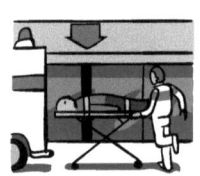

traumapunkt

ليزيرجونس

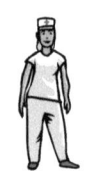

meditsiiniõde

الممرضة

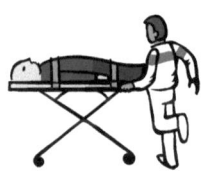

hädaolukord

ليرجونس

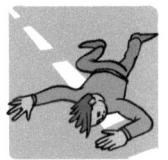

teadvuseta

تغاشى

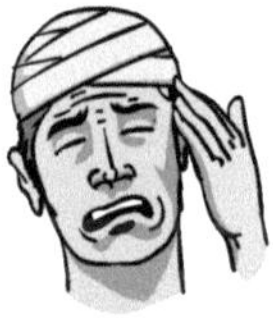

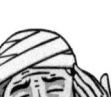

valu

الوجع

vigastus

الجرح

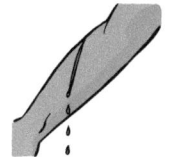

verejooks

يسل الدم

südamerabandus

القلب

insult

لافيسي

allergia

لالرجي

köha

الكحة

palavik

الحمة

gripp

لاقريب

kõhulahtisus

الاسهال

peavalu

ميغران

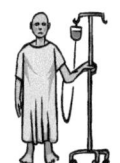

vähk

السرطان

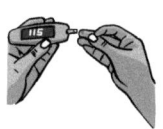

diabeet

السكر

kirurg

الجراح

skalpell

مبضع

operatsioon

عملية تاع القلب

KT

لاسيتي

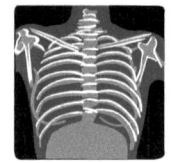

röntgen

الراديو

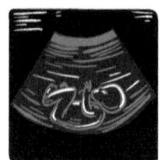

ultraheli

لولتخازرون

mask

لماسك

haigus

المرض

ooteruum

وين يقارعو

kark

العكاز

kips

سكوتنش

side

لبانسما

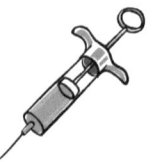

süst

لبرة

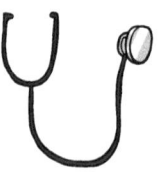

stetoskoop

السماعة تاع الطبيب

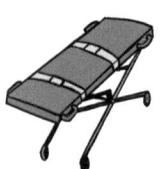

kanderaam

نقالة

kraadiklaas

لوزنوبيه الحمة

sünd

زيادة

ülekaaluline

السمونية

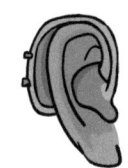

kuuldeaparaat

جهاز السمع

desinfektsioonivahend

المعقم

põletik

لنفكسون

viirus

الفيروس

HIV / AIDS

السيدا

meditsiin

الدوا

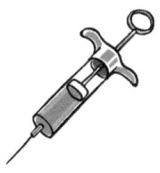

vaktsineerimine

الفاكسان

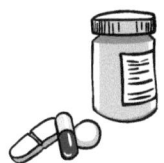

tabletid

الدوا حب

pill

بيلولة

hädaabikõne

يعيط للنجدة

vererõhuaparaat

الجهاز ليقيسو بيه الدم

haige / terve

مريض / صحيح

Appi!

سلكوني

häire

لالارم

kallaletung

يتعدا

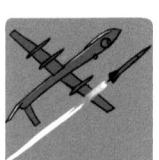

rünnak

يهجم

oht

يجندو

avariiväljapääs

مخرج الطوارئ

Tulekahju!

النار شاعلة

tulekustuti

لكستانتور

õnnetus

اكسيدون

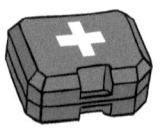

esmaabikomplekt

فيزة تاع الاسعاف الاولى

SOS

سلكونا

politsei

لابوليس

Euroopa

أوروبا

Põhja-Ameerika

أمريكا الشمالية

Lõuna-Ameerika

أمريكا الجنوبية

Aafrika

أفريقيا

Aasia

آسيا

Austraalia

أستراليا

Atlandi ookean

المحيط الأطلسي

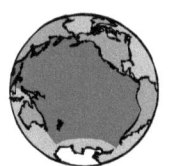

Vaikne ookean

المحيط الهادي

India ookean

المحيط الهندي

Lõuna-Jäämeri

المحيط المتجمد الجنوبي

Põhja-Jäämeri

المحيط المتجمد الشمالي

põhjapoolus

القطب الشمالي

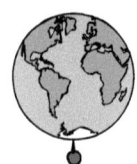

Iõunapoolus

القطب الجنوبي

Antarktika

منطقة القطب الجنوبي

Maa

أرض

maismaa

بلاد

meri

بحر

saar

جزيرة

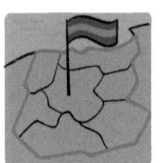

rahvus

امة

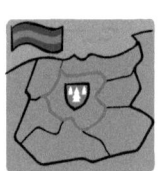

riik

دولة

sihverplaat

ميناء الساعة

tunniosuti

عقرب الساعات

minutiosuti

عقرب الدقائق

sekundiosuti

عقرب الثواني

Mis kell on?

شعال راها الساعة؟

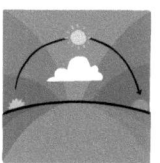

päev

يوم

aeg

زمن

praegu

دروك

digitaalne kell

ساعة رقمية

minut

دقيقة

tund

ساعة

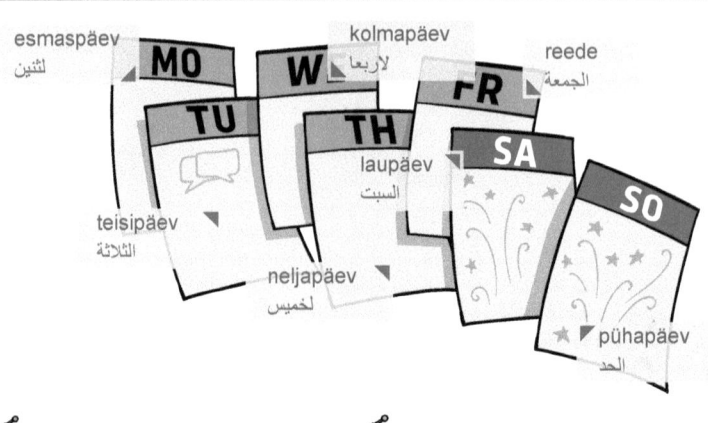

esmaspäev
لثنين

kolmapäev
لاربعا

reede
الجمعة

teisipäev
الثلاثة

neljapäev
لخميس

laupäev
السبت

pühapäev
الحد

eile

لبارح

täna

اليوم

homme

غدوا

hommik

صباح

lõuna

القايلة

õhtu

العشية

MO	TU	WE	TH	FR	SA	SU
1	2	3	4	5	6	7
8	9	10	11	12	13	14
15	16	17	18	19	20	21
22	23	24	25	26	27	28
29	30	31	1	2	3	4

tööpäevad

يامات الخدمة

MO	TU	WE	TH	FR	SA	SU
1	2	3	4	5	6	7
8	9	10	11	12	13	14
15	16	17	18	19	20	21
22	23	24	25	26	27	28
29	30	31	1	2	3	4

nädalavahetus

ويكاند

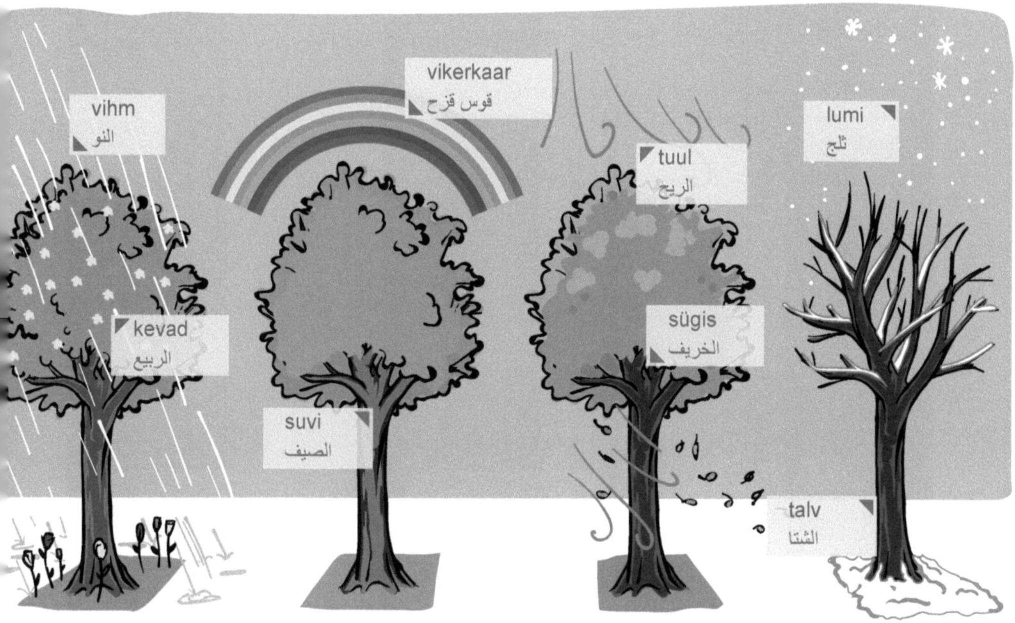

vihm
النو
vikerkaar
قوس قزح
lumi
ثلج
tuul
الريح
kevad
الربيع
sügis
الخريف
suvi
الصيف
talv
الشتا

4.APRIL 11°
5.APRIL 4°
6.APRIL 13°
7.APRIL 8°
8.APRIL 10°

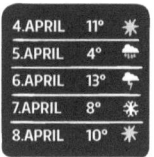

ilmaennustus

يتنبأ بالحال

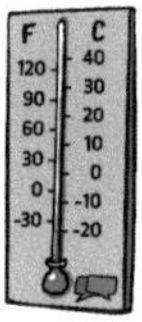

F
C

termomeeter

مقياس حرارة

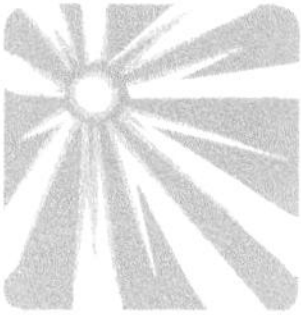

päikesepaiste

ضوء الشمس

pilv

سحابة

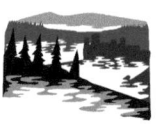

udu

ضباب

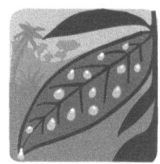

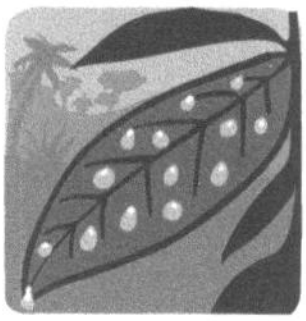

niiskus

ميديتي

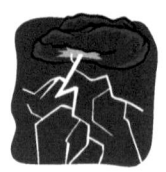

pikne

برق

kõu

رعد

torm

عاصفة

rahe

بَرَد

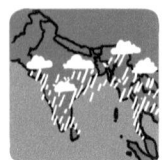

mussoon

ريح

üleujutus

طوفان

jää

جليد

jaanuar

جانفي

veebruar

فيفري

märts

مارس

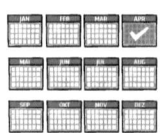

aprill

افريل

mai

ماي

juuni

جوان

juuli

جويلية

august

اوت

september

سبتمبر

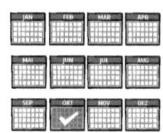

oktoober

اكتوبر

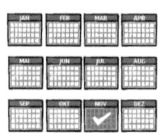

november

نوفمبر

detsember

ديسمبر

kujundid

فورما

ring

دويرة

ruut

مربع

nelinurk

مستطيل

kolmnurk

مثلث

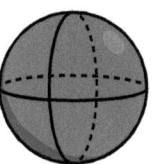

kera

كويرة

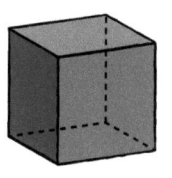

kuup

مكعب

valge

بيض

kollane

صفر

oranž

نّشيني

roosa

روز

punane

حمر

lilla

حلحالي

sinine

زرق

roheline

خظر

pruun

قهوي

hall

قري

must

كحل

palju / vähe

بزاف / شوية

vihane / rahulik

زعفان / مكالمي

ilus / inetu

شباب / مشي شباب

algus / lõpp

البدية / التالي

suur / väike

كبير / صغير

hele / tume

فاتح / فونسي

vend / õde

خو / خت

puhas / must

نقي / موسخ

täielik / puudulik

كامل / ناقص

päev / öö

نهار / اليل

surnud / elus

ميت / حي

lai / kitsas

عريض / ضيق

söödav / mittesöödav

يقدو ياكلوه / ميقدروش ياكلوه

kuri / sõbralik

شرير / ناس ملاح

põnevil / tüdinud

يثير / يمل

paks / peenike

سمين / رقيق

esimene / viimane

اللولا / التالية

sõber / vaenlane

الصاحب / لعدو

täis / tühi

معمر / فارغ

kõva / pehme

قاصح / سويل

raske / kerge

ثقيل / خفيف

nälg / janu

جوع / عطش

haige / terve

مريض / صحيح

ebaseaduslik / seaduslik

غير شرعي / شرعي

tark / rumal

ذكي / مبوقل

vasak / parem

يسار / يمين

lähedal / kaugel

قريب / بعيد

uus / kasutatud

جديد / مستعمل

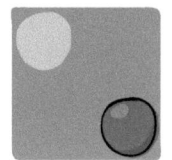

mitte midagi / midagi

مكانش / شوية

vana / noor

ثيباني / شاب

sees / väljas

يشعل / يطفئ

lahti / kinni

محلول / مبلع

vaikne / vali

بشوية / بلفور

rikas / vaene

مرفح / زوالي

õige / vale

نيشان / خاطيء

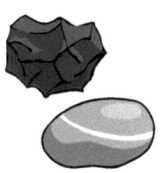

kare / sile

حرش / رطب

kurb / rõõmus

زعفان / فرحان

lühike / pikk

قصير / طويل

aeglane / kiire

بشوية / بلخف

märg / kuiv

مشمخ / ناشف

soe / jahe

حامي / بارد

sõda / rahu

القيرة / لامان

0
null
صفر

1
üks
واجد

2
kaks
زوج

3
kolm
ثلاثة

4
neli
ربعة

5
viis
خمسة

6
kuus
ستة

7
seitse
سبعة

8
kaheksa
ثمانية

9
üheksa
تسعة

10
kümme
عشرة

11
üksteist
شاعدح

12

kaksteist

ثناعش

13

kolmteist

ثلطاعش

14

neliteist

رباطاعش

15

viisteist

خمسطاعش

16

kuusteist

سطاعش

17

seitseteist

سبعطتعش

18

kaheksateist

ثمنطاعش

19

üheksateist

تساعطاش

20

kakskümmend

عثرون

100

sada

مية

1.000

tuhat

ألف

1.000.000

miljon

مليون

inglise

انقلي

Ameerika inglise

انغلي تاع مريكان

mandariini

لغة الشنوية

hindi

الهندية

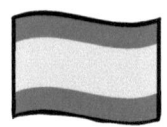

hispaania

سبنيولية

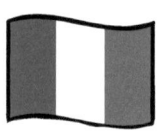

prantsuse

الفرونسي

araabia

العربية

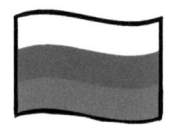

vene

الروسية

portugali

البوتغالية

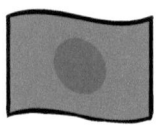

bengali

البنغالية

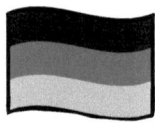

saksa

لالمنية

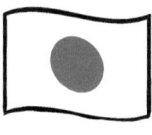

jaapani

الجابونية

mina

انا

sina

نتا

tema

هو

meie

حنايا

teie

نتوما

nemad

هوما

kes?

شكون

mis?

واش

kuidas?

كيفاش

kus?

وين

millal?

وقتاش

nimi

الاسم

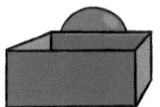

taga

مرول

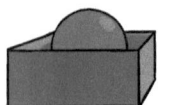

sees

في

ees

قدام

kohal

فوق

peal

على

all

تحت

kõrval

حدا

vahel

بين

koht

بلاصة